Harriet Grundmann

Ein Stern für dich

Mit Illustrationen von
Katrina Lange

HERDER

FREIBURG · BASEL · WIEN

Es gibt schöne, helle Tage ...
... und dunkle Schneckenhaustage.
Nicht jeder Tag hat
das Zeug zum Lieblingstag.

Doch ganz gleich,
wie dunkel auch mal ein Tag
scheinen mag … denk dran:
Oben am Himmel
leuchtet ein Stern,
nur für dich.

Dieser Stern gehört
Isi

Dein Stern
wacht über dich ...

... wenn du schwach
und traurig bist.

Er stärkt dich,
wenn du krank bist.

Er schickt dir Mut,
wenn du erfolglos bist …

... und schweigt mit dir,
wenn du Stille brauchst.

Ganz gleich, was geschieht:
Dein Stern ist immer
an deiner Seite.

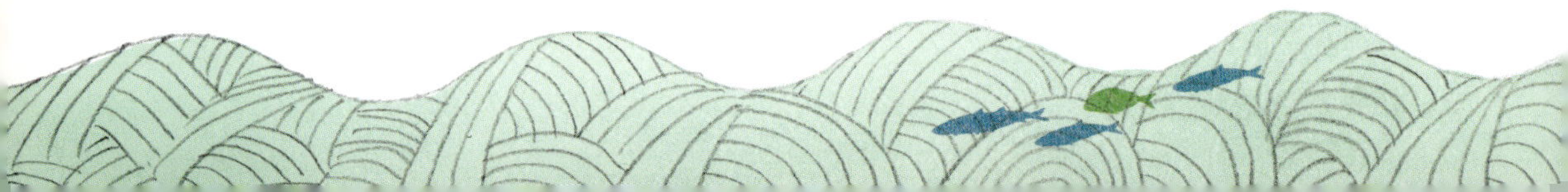

Für dich kann er
dein Stern
der Liebe sein, ...

... dein Stern der Hoffnung, ...

... dein Stern des Trostes ...

... oder der Stern,
der dich an die
Ewigkeit erinnert.

Dein Stern begleitet dich
auf Schritt und Tritt.

Er zeigt dir,
welchen Weg
du gehen kannst ...

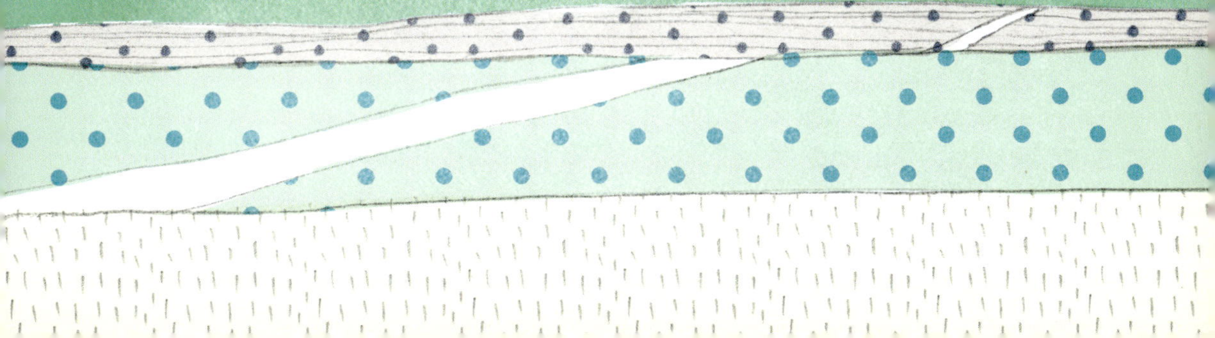

... sichtbar in der Nacht,
unsichtbar am Tag.

Denn selbst, wenn du
ihn nicht siehst, ...

... spürst du im Herzen,
dass er da ist.

Dein Stern kennt dich
dein ganzes Leben lang.

Vertrau darauf,
dass er auch
in Zukunft immer
für dich da ist.

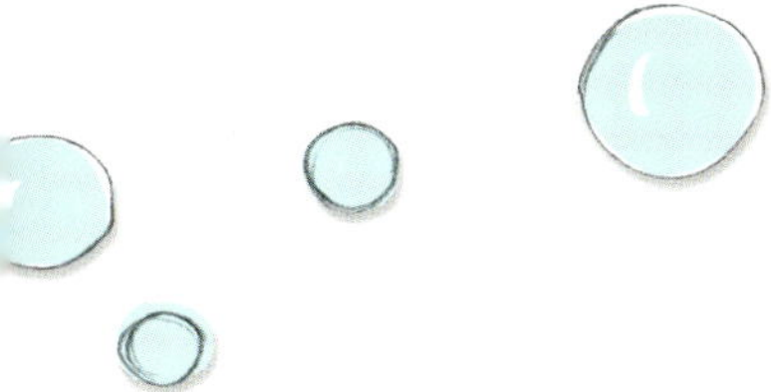

Teile deine geheimen
Wünsche und Träume
mit ihm.

Dein Stern
wird sie bewahren
und helfen, dass sie
in Erfüllung gehen.

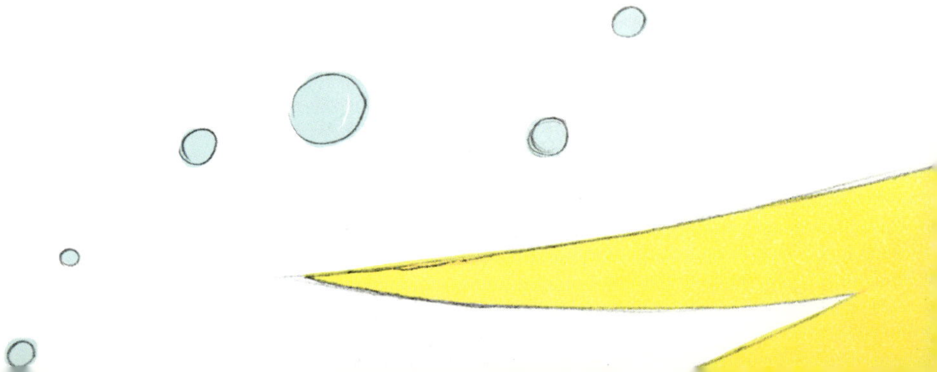

Dein Stern strahlt,
wenn du glücklich bist.

Deshalb machst du mit
deinem Glück die Welt
ein bisschen heller.

Vergiss den Stern
in deinem Leben nicht!
Bring ihn, so oft du kannst,
zum Leuchten.

www.herder.de

Gesamtgestaltung und Satz: Christina Krutz, Biebesheim am Rhein
Illustrationen: Katrina Lange
Druck: Graspo, Zlín

Gedruckt auf umweltfreundlichem,
chlorfrei gebleichtem Papier

Printed in the Czech Republic

ISBN 978-3-451-32956-2